불교성악작곡집

악보집을 내면서

본 악보집의 구성은 '의식찬불가'와 '일반찬불가'로 이루어져 있습니다. 의식 찬불가는 '삼귀의'를 비롯하여 '산회가'에 이르기까지 예불 의식에 속하는 곡들을 말합니다. 가톨릭에서는 동일한 미사곡 가사에 모차르트, 베토벤, 브람스, 베르디 등 수 많은 작곡가들이 쓴 아름다운 미사곡들이 있습니다. 이와 같이 필자는 한국전통악기의 음색을 곁들여서 한국의 장단과 선율로 된 '새로운 의식찬불가'를 지음으로써 예불의식이 좀 더 아름다워지는데 보탬이 되기를 빌어 봅니다.

의식음악으로서의 찬불가와 일반 찬불가의 구분마저 미약한 이 시점에 의식음악 장르인 기본 찬불가를 보다 많은 작곡가들이 다양한 선율로 작곡하여 부른다면 예불의식이 훨씬 아름다워지고 환희심 나게 될 것입니다. 이렇게 여러 가지 곡들이 불리어지다 보면 좋은 곡들은 남고 그렇지 않은 곡은 사라지게 되어 자연히 옥석을 가리는 계기가 되리라 여겨집니다. 그 과정에서 본인의 곡이 사라지는 운명을 맞을지라도 그것이 보다 나은 불교의식음악을 위한 거름이 된다면 그 또한 큰 보람으로 여기겠습니다.

일반 찬불가는 의식과 상관없이 자유롭게 불보살을 찬탄하는 노래들입니다. 필자가 2003년 2월 〈염화미소〉라는 타이틀로 작곡발표회를 연 이후 이 때 연주되었던 노래들이 불교관련 사이트에 알려지면서 여기저기서 악보와 음반을 부탁해 오는 일들이 생겼습니다. 본 악보집에는 〈염화미소〉 연주회 때 발표한 '초심'을 비롯하여 새로이 쓴 몇몇 곡들을 더하였습니다.

본 악보집은 의식찬불가와 일반 찬불가 모두 피아노를 비롯하여 국악기를 함께 배치하여 현대성과 한국의 전통성을 결합하여 쓴 곡들로 구성되어 있습니다. 청년들이 기타치고 춤추며 노래할 수 있는 '그리운 그 소리', 전문 성악가와 합창단이 함께 할 수 있는 '그리운 날엔', '방갓에 죽장 짚고', 전통 가곡풍의 '시방세계 부처님께, 대만의 성운대사께서 쓴 가사를 중국어와 한국어 가사로 노래할 수 있는 '마음의 등', 베트남의 틱낫한 스님이 가사를 쓴 '모두가 행복하기를', 불교와 관련 없는 단체들도 함께 노래할 수 있는 '세계평화를 위한 기도' 등 여러 곡들이 불교행사와 의식 중에 널리 불리므로써 모든분들이 부처님의 자비와 사랑으로 행복해지고 따뜻해지면 좋겠습니다.

끝으로 본 작곡집 출판을 허락해 주신 도서출판 세진 사장님과 관계자 여러분의 노고에 감사의 뜻을 전합니다.

2007. 2. 달맞이고개 작업실에서 윤소희 두손모읍니다.

* 본 작품들을 연주하기 위하여 파트보를 필요로 하거나, 악보의 소리를 듣고자 하시는 분을 위하여 윤소희카페 (http://cafe.naver.com/yshhome.cafe)에서 이상의 자료들을 제공하고 있으니 활용하시기 바랍니다.

차 례

1. 의식찬불가

1) 노래보

삼귀의 I ·· 8
삼귀의 II ··· 9
청법가 ·· 10
사홍서원 ·· 11
찬양합니다 ·· 12
보현행원 ·· 13
산회가 ·· 14

2) 피아노보

삼귀의 I ·· 15
삼귀의 II ··· 17
청법가 ·· 18
사홍서원 ·· 20
찬양합니다 ·· 21
보현행원 ·· 23
산회가 ·· 26

3) 스코아보(국악관현악 반주)

삼귀의 ·· 29
청법가 ·· 32
사홍서원 ·· 37
찬양합니다 ·· 40
보현행원 ·· 45
산회가 ·· 52

2. 초심

노래보 ·· 60
노래·피아노보 ··· 62

3. 마음의 등
   노래보 70
   노래·피아노보 73

4. 모두가 행복하기를
   노래보 82
   노래·피아노보 84

5. 그리운 그 소리
   노래보 92
   노래·피아노보 94

6. 세계평화를 위한 기도
   노래 100
   노래·피아노보 102
   스코아보(대금·해금·장구·피아노) 109

7. 그리운날엔
   노래 122
   노래·피아노보 125
   스코아보(대금·타악·피아노) 130

8. 방갓에 죽장짚고
   노래보 140
   노래·피아노 142
   스코아보(국악실내악반주) 147

9. 시방세계 부처님께
   노래보 156
   스코아보(국악실내악반주) 159

1. 의식찬불가

1) 노래보
삼귀의 I _ 8
삼귀의 II _ 9
청법가 _ 10
사홍서원 _ 11
찬양합니다 _ 12
보현행원 _ 13
산회가 _ 14

2) 피아노보
삼귀의 I _ 15
삼귀의 II _ 17
청법가 _ 18
사홍서원 _ 20
찬양합니다 _ 21
보현행원 _ 23
산회가 _ 26

3) 스코아보(국악관현악 반주)
삼귀의 _ 29
청법가 _ 32
사홍서원 _ 37
찬양합니다 _ 40
보현행원 _ 45
산회가 _ 52

일반 합창단이 쉽게 부를 수 있도록 가능한 쉽고 편하면서 한국적인 특징을 살려 작곡하였다. 평소에는 피아노 반주만으로도 노래 할 수 있다. 때에 따라서 장구장단을 곁들이면 리듬을 더욱 효과적으로 표현할 수 있고 거기다 해금이나 대금을 더하면 한국적인 특색을 좀더 살려낼 수 있으며 더 나아가서는 국악관현악단에 이르기까지 폭넓게 활용될 수 있도록 배열하였다.

- 삼귀의 ♩. = 62 : 경건하게
- 청법가 ♩. = 72 : 여법하게
- 사홍서원 ♩. = 72 : 굿거리장단
- 찬양합니다 ♩. = 120 : 자진모리장단, 신명나게
- 보현행원 ♩. = 62 : 밝고 서정적으로
- 산회가 ♩. = 112 : 자진모리장단, 힘차고 흥겹게

삼귀의 I

역사·작곡_윤소희

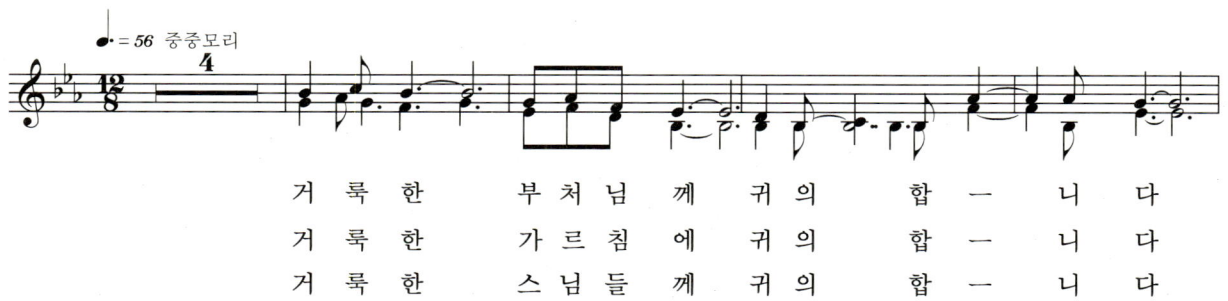

거룩한 부처님께 귀의합니다
거룩한 가르침에 귀의합니다
거룩한 스님들께 귀의합니다

원하오니 모든중생 큰도를 깨―달아
원하오니 모든중생 경장에 들―어가
원하오니 모든중생 온세상 다―스려

무상심을 내―게 하소서
지혜가 바다되게 하소서
모든어려움 없―게 하소서

＊본 곡의 가사는 중국범패의 한시를 번역한 것이다.
　귀의·발원·실천에 이르기까지 불교적 사상이 잘 나타나 있어
　찬불가의 가사가 어떠해야 할지 시사하는 바가 크다.

＊가사 원문
　　自歸依佛 當願衆生 體解大道 發無上心
　　自歸依法 當願衆生 深入經藏 智慧如海
　　自歸依僧 當願衆生 統理大衆 一切無礙

삼 귀 의 II

작곡_윤 소 희

청 법 가

사홍서원

찬양합니다

보현행원

산 회 가

삼 귀 의 I

역사·작곡_윤 소 희

삼 귀 의 II

작곡_윤 소 희

청 법 가

사홍서원

찬양합니다

보현행원

산 회 가

삼 귀 의

작곡_윤 소 희

청 법 가

사홍서원

찬양합니다

보현행원

산 회 가

2. 초심

노래보 _ 60

피아노보 _ 62

작사_정율스님 작곡_2002.6.16.

아무것도 보이지 않았던
그 처음 시간 속에서
아무것도 보이지 않았던
그 처음 공간속에서
당신의 모습 나는 보았고
당신의 소리 들었나이다
당신의 모습과 소리에
저는 눈멀고 귀먹은
또 다른 저를 보았나이다.
소리 없이 흘러가는 계절의 흐름처럼
동쪽에서 말없이 솟아나
소리없이 서쪽으로 지는
저 달처럼
저 태양처럼
저 또한 말없이 환한 해탈주가 되어서
당신을 따르오리다.

초 심 (初心)

초 심 (初心)

작사_정율스님
작곡_윤 소 희

3. 마음의 등

노래보 _ 70

피아노보 _ 73

작사_星雲대사 작곡_2002. 8

본 곡은 대만의 불광산총림에서 주최하는 세계불교음악경연대회(人間音緣)의 위촉을 받아 2004. 9. 정율스님에 의해 타이페이 국부기념관에서 초연되었다. 중간의 자진모리로 빠르게 노래하는 부분은 장구반주에 목탁으로 리듬을 곁들이면 훨씬 아름답게 표현할 수 있으며, 합창단이 부를 때는 마지막 악구의 '아' 부분(65-68마디)은 빼고 불러도 된다. 한국어와 중국어로 부를 수 있도록 악보상에 음운을 달아 놓았다.

마음의 등을 켜고
어두운 마음 구석구석을 밝히세요
마음의 등을 켜면
매 순간 희망이 따라와요
타오르는 불꽃은
한송이 두송이 세송이 천송이 만송이
슬픔과 눈물이 있는 사람에게 주고
한송이 두송이 세송이 천송이 만송이
길 잃은 나그네에게 주고
한송이 두송이 세송이 천송이 만송이
울고 있는 약한 사람에게도 주고
한송이 두송이 세송이 천송이 만송이
고통 받는 중생에게 주고
마음의 등을 켜면
매 순간 행운이 따라와요

點一盞心燈
照亮黑暗的心靈角落
點一盞心燈
帶來希望的每一分鐘
燃起的火
一朵兩朵三朵千朵萬朵
留給哀傷的 朵眼
一朵兩朵三朵千朵萬朵
留給迷路的旅人
一朵兩朵三朵千朵萬朵
獻給哭泣的弱者
一朵兩朵三朵千朵萬朵
獻給痛苦的朵生
點一盞心燈
帶來希望的每一分鐘

마음의 등

작사_星雲大師
작곡_윤소희

마음의 등

자진모리 부분은 장구로 장단을 치고,
목탁으로 적절한 리듬을 넣어서 변화를 주면 더욱 좋음

4. 모두가 행복하기를

노래보 _ 82

피아노보 _ 84

작사_틱낫한 스님 작곡_2003. 4. 28

　본 곡은 틱낫한 스님의 『세가지 보물』중에서 "살아있는 모두가 행복하기를"이란 기도문을 간추려 노랫말로 삼아 음악화 했다. 이 기도문은 지옥에서 범천계에 이르기까지 모든 생명이 평온하고 행복하기를 바라는 불교의 자비사상을 담고 있다. 한국적인 장단과 경쾌하고 현대적인 4박자 리듬을 교차하여 변화를 주었다.

　1-12의 피아노 반주는 첫마디만 하고 2-12까지는 무반주로 연주해도 가능하며, 12-27마디와 45-64마디는 목탁 혹은 우드블럭을 엇박으로 치고, 그 외의 다양한 소품 타악기 합주를 반주로 추가할 수 있으며 ♩.을 기본 박으로 한 부분은 장구 장단을 적절히 활용하여 기악 편성할 수 있다. (28-44마디까지 3/♩.= 102 부분은 연주자의 재량에 따라 ♩.60으로 하여 느리게 해서 다른 색깔을 내어도 무방하다)

여기 지금 계신 모든 분들이 항상 평온하고 행복하기를 기원합니다.
승가와 제가자들 모두 평온하고 행복하기를 기원합니다.
한량없는 덕을 갖추신 부모님께서도 항상 평온하고 행복하기를 기원합니다.
이 도량에 살고 있는 모든 존재
이 마을에 살고 있는 모든 존재
이 지방에 살고 있는 모든 존재들
승가의 모든 스님들이 항상 평온하고 행복하기를 기원합니다.

승물의 모든 시주들
모든 국가와 정부
모든 도둑 강도 사기꾼
지옥아귀 • 축생 • 아수라 • 한량없는 모든 존재들

인간 • 천상 • 범천계에 이르기까지
윤회하는 모든 존재들이 항상 평온하고 행복하기를 기원합니다.

모두가 행복하기를

작사_틱 낱 한
작곡_윤 소 희

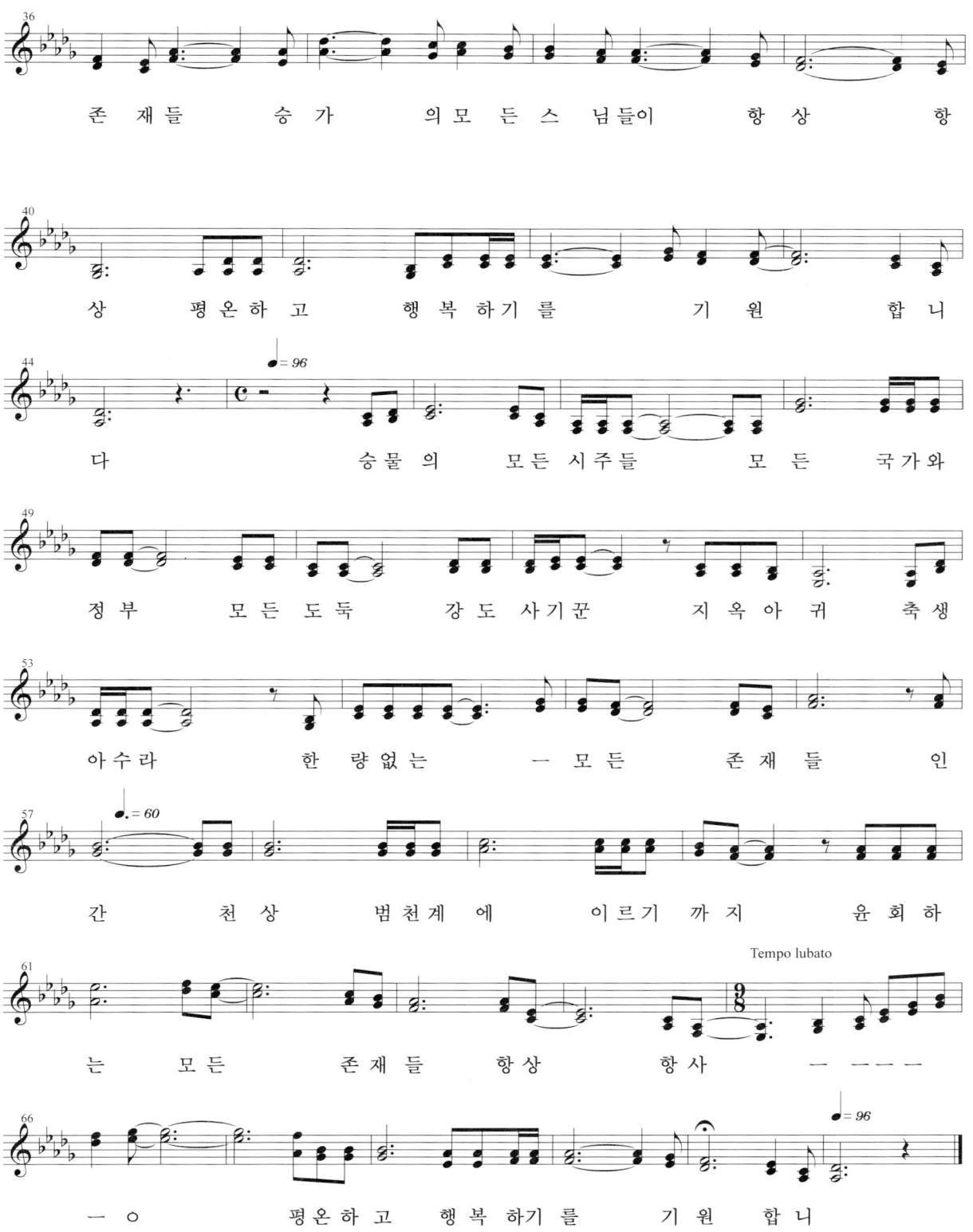

모두가 행복하기를

작사_틱 낫 한
작곡_윤 소 희

5. 그리운 그 소리

노래보 _ 92

피아노보 _ 94

작사_정율스님 작곡_2003. 3. 12

본 곡은 청소년들이 기타를 치며 발랄하게 부를 수 있도록 작곡되었다. 피아노 혹은 기타 반주에 맞추어 노래할 때 율동과 함께 각자 작은 타악기를 들고 흔들며 노래하면 좋겠다.

상큼한 새벽 향기
향긋한 솔 내음
청아한 목탁새 산울림
노래 소리

누구를 위하여
무엇을 기다리며
저렇듯 애절하게
두 눈 감으시고
기도 하시는가

아 아련히 귓전에 맴도는
그리운
그 내음 그 소리
님 고운 노랫소리
언젠가 어디선가
님께서 부르시던
그리운
그 내음 그 소리
님 고운 노랫소리
당신이 부르는 소리

그리운 그 소리

코드는 연주자의 재량에 따라 변화 코드를 넣어도 무방함

반주악기 : 기타와 목탁 등 다양한 타악기를 자유롭게 편성할것

그리운 그 소리

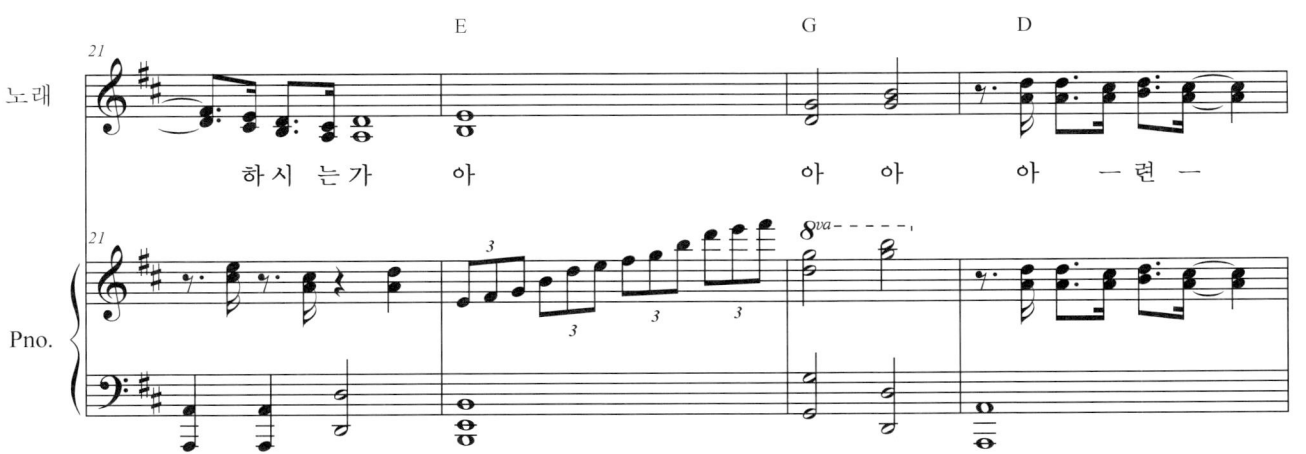

6. 세계평화를 위한 기도

노래보 _ 100

노래·피아노보 _ 102

스코아보(대금·해금·장구·피아노) _ 109

작사_한승구 작곡_2002. 6. 9

　본 곡은 불교·기독교·원불교로 구성된 종교연합회 합창단의 행사를 위해서 쓰여진 작품으로 종교와 이념을 초월하여 세계 평화를 염원한 내용을 담고 있다. 3부 합창으로 쓰여 졌지만 때에 따라 소프라노와 알토만으로 노래할 수 있으며 피아노 반주에 대금·해금·장구 등 국악기를 추가할 수 있도록 짜여져 있다. 2006년 5월 부산작곡가회 발표회를 통하여 황정사합창단의 노래로 연주된바 있다.

기쁨도 하나
슬픔도 하나
가슴에서 가슴으로
나누는 우리
세상이 하나되어
너와나 정을 나누면
사랑과 자비로
온 누리에 기쁨
내게로 오라 너의 슬픔이여
내게로 오라 너의 아픔이여
이 땅에서 우리는 영원히
하나로 맺어질 운명
머나먼 광야에서
어두운 계곡에서
흘러라 강물이여
인류의 사랑 담고
하나 되는 바다까지

세계 평화를 위한 기도

작사_한승구
작곡_윤소희

세계 평화를 위한 기도

작사_한승구
작곡_윤소희

세계 평화를 위한 기도

작사_한 승 구
작곡_윤 소 희

# 7. 그리운 날엔

노래보 _ 122

노래·피아노보 _ 125

스코아보(대금·타악·피아노) _ 130

작사_한승구 작곡_2002. 12

 본 곡은 여성 Solo와 합창단을 위한 노래이다. 악보의 편집에 따라 여성 Solo를 빼고 합창곡으로도 부를 수 있다. 피아노 반주에 장구와 대금을 편성하여 한국적인 정서를 담아보았다. 2003년 2월 〈염화미소〉연주시 정율스님의 독창과 필자가 지휘한 황정사합창단에 의해 초연되었다.

나 구름 되리라
거침없이 떠돌다
그리움에 발길 적시는
이슬 되어 내리는
구름이 되리라

나 바람 되리라
홀로 핀 들꽃 위로
서러운 내님
흩날리는 눈물 닦아 주는
바람이 되리라

나무서가모니불
나무석가모니불
나무시아본사석가모니불

그리운 날엔

작사_한 승 구
작곡_윤 소 희

그리운 날엔

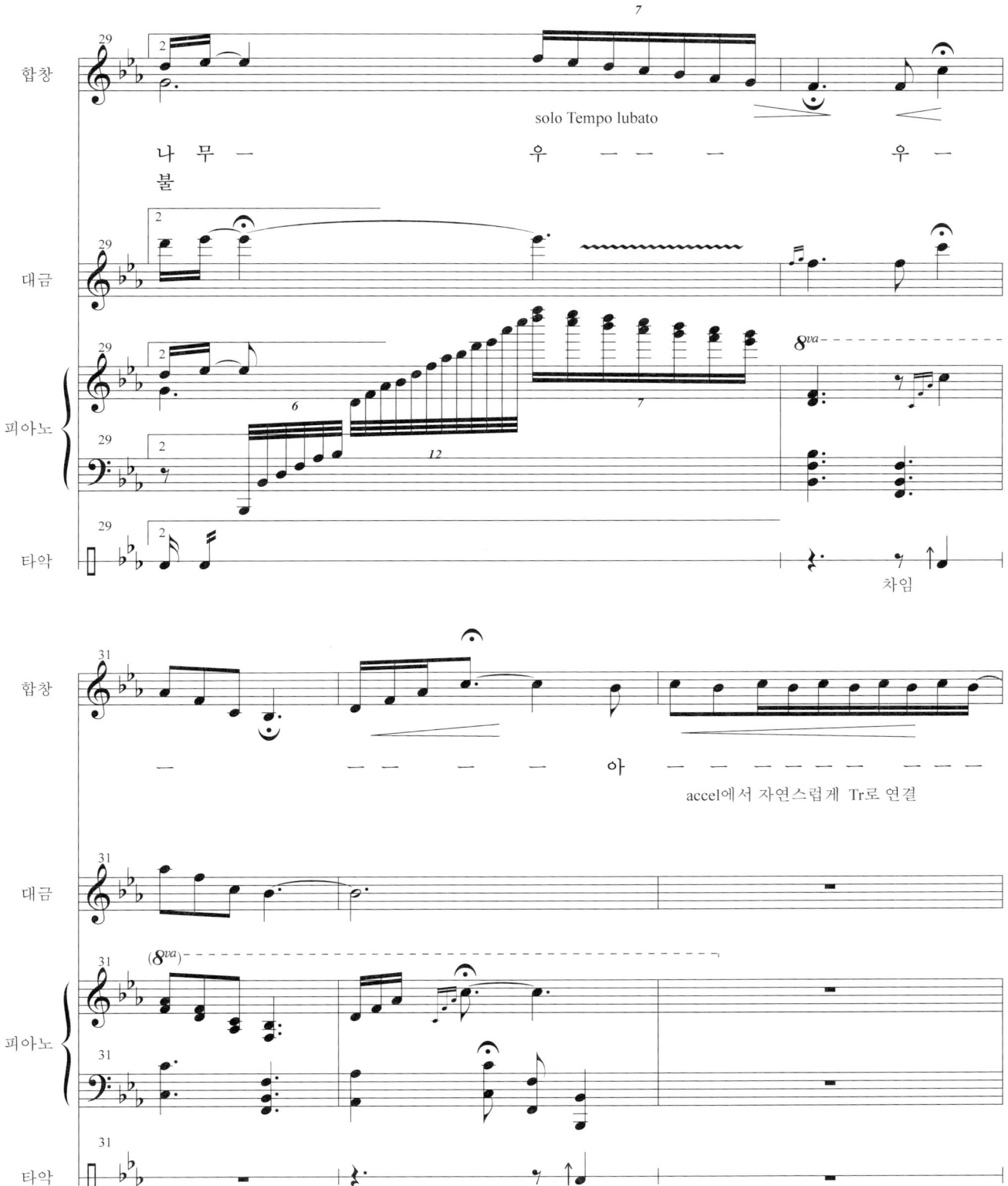

8. 방갓에 죽장짚고

노래보 _ 140

노래·피아노보 _ 142

스코아보(국악실내악반주) _ 147

작사_한 승 구   작곡_2002. 1

 본 곡은 전통악기에 의한 반주와 합창에 의한 화음을 굿거리 장단에 얹어 한국적인 불교정서를 표현해 보았다. 남성·여성의 Solo와 합창이 주고받거나 함께 할 수 있어 사찰의 일반 합창단을 통한 쉬운 노래와 Solo를 통한 예술성과 대중성을 두루 이룰 수 있도록 하였다. Solo가 없을 때는 합창단만으로도 쉽게 부를 수 있도록 확대·축소를 할 수 있어 사찰에서 큰 행사와 평상시에도 다양하게 활용 할 수 있다. 2003년 2월 〈염화미소〉연주 때 남성솔로는 부산시립국악관현악단의 피리수석인 박춘석선생님, 여성솔로는 국립국악원 해금부수석인 윤문속선생님과 필자가 지휘하는 황정사합창단에 의해서 초연되었다.

방갓에 죽장짚고
산허리 감고도는
백운을 스쳐지나
골골이 흘러모인
청수로 가슴열고

영롱한 이슬눈빛
미풍에 서린향기
여울진 가슴으로
산사의 풍경소리
티없는 가슴열고

오르라 굽이굽이
처음도 끝도없는
해탈의 길너머에
두마음 하나되고
도솔천 열리리라

후 렴

빈하늘 바라보다 이한몸 살고지면
그 뉘라서 어두운 영혼길에 밝은 빛을 주리
나무관세음보살

방갓에 죽장짚고

작사_한승구
작곡_윤소희

방갓에 죽장짚고

작사_한승구
작곡_윤소희

방갓에 죽장짚고

작사_한승구
작곡_윤소희

9. 시방세계 부처님께

노래보 _ 156

스코아보(국악실내악반주) _ 159

본 곡은 〈한모음실내악단〉이 문예진흥원과 서울시의 후원으로 연주한 "빛소리빛 맵시빛사위"를 통하여 2001.6.11일 국립국악원 예악당에서 초연되었다. 가곡 "우락"의 가락에 새로운 가사를 얹어 개작하였는데 필자가 당시 어떤 고문헌에서 이 가사를 찾았는데 지금 그 문헌을 찾을 수가 없어 가사의 원저자를 밝히지 못함이 안타깝다. 중간 부분의 다이나믹한 변화구와 후렴구를 붙여 확대하여 변화를 주면서도 전반적으로는 가곡의 악상을 유지하고 있다.

시방세계 부처님께 비나이다.
나와 임이 다시 만나게 하옵소서
여래보살
지장보살
문수보살
보현보살
오백나한
팔만가람
서방정토 극락세계
관세음보살
나무아미타불
후세에 또 한 생을 잇게 되어
이 세상에 나게 되면
보살님 은혜를
널리 회향하오리다.
나무석가모니불
나무석가모니불
나무시아본사석가모니불

시방세계 부처님께

작·편곡_윤 소 희

시방세계 부처님께

작·편곡_윤소희

작곡자 프로필

윤소희
1994 부산대학교 국악학과 (작곡전공) 졸업
1998 부산대학교 한국음악학과 음악학 석사학위 취득.
「한국전통음악의 변조에 관한 연구」
-산조와 서양의 그레고리오선법·조성음악과 비교하여-
2006 한양대학교 음악인류학 박사학위 취득
「대만불교 의식음악 연구」박사학위 우수논문상 수상.
1998 국악작곡축제 공모작 당선
2001 문예진흥원과 서울시의 창작지원 사업 실내악부분 공모작 당선.

저 서_『국악창작곡 분석』,『국악 창작의 흐름과 분석』
현 재_부산대학교 국악학과, 동국대학교 경주캠퍼스 한국음악학과,
불교문화대학원. 서울캠퍼스 문화예술대학원 한국체육대학 등 출강.
기타 음악평론 및 불교합창단 지휘

불교작품 목록

* 17현 가야금 독주곡 "심우도"
* 두 대의 거문고와 팀파니를 위한 "심우도"
* 거문고 독주곡 "심우도"
* 범패와 사물놀이에 의한 "엔트로피"
* 18현 가야금 독주곡 "동자승처럼"
* 실내악 "손오공과 혜초의 여행"
* 거문고 협주곡 "심우도"
* 가야금 3중주 "동자승처럼"
* 실내악 "회향 I "
* 전통가곡 "시방세계 부처님께"
* 해금독주곡 "아득한 옛날부터"
* 대금·가야금 2중주 "산사의 하루"
* 해금·가야금 2중주 "염화미소"
* 해금·거문고 합주곡 "여시아문"
* 합창 "방갓에 죽장짚고", "그리운날엔", "그리운 그 소리", "모두가 행복하기를"
* 소프라노를 위한 "초심", "점등"
* 해금·가야금·거문고 3중주 "연향"
* 실내악 "회향 II"
* 예불음악 "삼귀의", "청법가", "사홍서원", "찬양합니다", "보현행원", "산회가", "찬불가"
* 예삼천불 의식음악.
  그 외 다수.

❖ 기타 작품목록 http://cafe.naver.com/yshhome.cafe

윤소희
불교성악작곡집

서기 2007년 5월 5일   초판인쇄
서기 2007년 5월 5일   초판발행

저자 ▶ 윤소희
http://cafe.naver.com/yshhome.cafe

펴낸곳 ▶ 도서출판 세진
주소: 서울시 중구 인현동 1가 136-6
전화: (02)2272-6858/9
팩스: (02)2273-6858
E-mail: aa1026@naver.com
등록번호: 제2-2524호
ISBN 978-89-957212-2-3 93220

값 16,000 원

* 잘못된 책은 바꾸어 드립니다
* 저자와 협의로 인지를 생략합니다